QR 개정판

색깔로 배우는
피아노 반주완성

①

황계청 편저

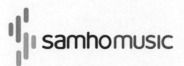
samhomusic

이 교재를 사용하시는 선생님께

　피아노 교육에서 '반주법 공부'는 피아노를 통해 노래를 즐겁게 익히게 함으로써 아이들에게 '딱딱한 피아노 공부'가 아닌, '즐겁고 신나는 피아노 공부'를 느끼게 하여 음악에 흥미를 갖게 하는 장점이 있습니다. 뿐만 아니라, 가락과 화음의 조화를 찾아가는 과정을 통해 음악적 소양을 발달시키고 아이들의 심성을 아름답게 가꾸는데 효과적이라는 것을 많은 선생님들은 알고 계실 것입니다.

　그러나 기초적인 학습 능력이 전혀 뒷받침 되지 않는 유아들에게 반주의 개념을 이해시키고 손가락 테크닉을 발달시킬 뿐만 아니라 시대 감각에 맞는 통합적 음악 교육을 시킨다는 것은 매우 어려운 일입니다.

　본 교재에서는 이러한 점들을 고려하여 수 년간의 지도 경험으로 얻어진 반주법 노하우를 모아 다음과 같은 특징을 살려 구성하였습니다.

첫째, 유아들의 신체 조건에 무리가 가지 않는 범위 안에서 쉽고 재미있게 난이도를 맞춰 배열하였습니다.

둘째, 반주 공부에 앞서 노래 부르기와 다양한 리듬 치기를 워밍업으로 도입하여 단순히 피아노 반주만 배우는 교육이 아닌 음악의 통합 교육이 이루어지도록 하였습니다.

셋째, 화음에 색깔의 개념을 도입하여 유아들에게 반주에 대한 흥미를 불러 일으키며, 색깔에 대한 감각으로 반주를 배우면서 감성 및 감각 교육이 이루어질 수 있도록 하였습니다.

넷째, 한 가지 노래를 다양한 방법의 패턴으로 반주해 봄으로써 학생 스스로 반주의 응용력을 키울 수 있도록 하였습니다.

　아무쪼록 이 교재를 통해 많은 선생님들에게 도움이 되는 것은 물론 우리 아이들이 피아노 반주를 즐기면서 배울 수 있는 기회가 되기를 간절히 바랍니다.

황 계 청

꼭 알아두세요

이 교재는 색깔로 화음을 구분하여 피아노 반주를 배울 수 있는 특별한 방법의 반주법 교본으로 기존의 반주법 교본과는 차별화된 레슨 방법과 악보 표기 방법이 있습니다.

지도하시는 선생님께서는 다음 내용들을 꼭 살펴보시고 레슨에 적용시켜 주세요.

❶ 즐거운 시창

피아노를 치기 전의 유아들을 위해 읽기 쉬운 그림 악보를 통해 노래를 익힐 수 있는 코너입니다. 한 박 단위로 노랫말과 계이름을 읽으면서 박을 구분할 수 있도록 지도해 주세요.

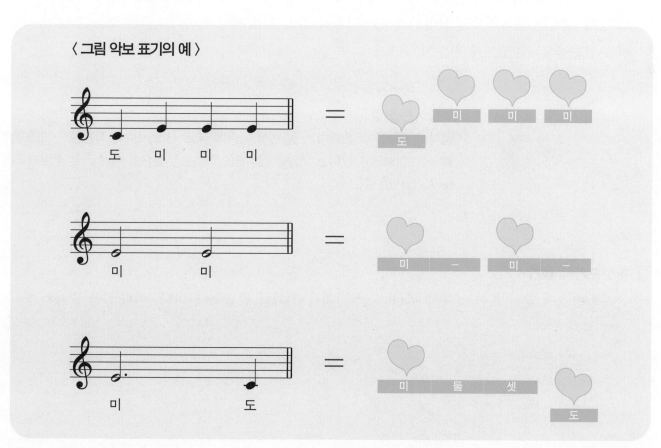

❷ Warming Up!

워밍업은 유아들이 '즐거운 시창'에서 노래 부르기 전에 간단한 '리듬 치기와 지팡이손, 다섯손가락 풀기'를 연습하는 표입니다. 이 연습을 통해 유아들은 일정한 박의 감각을 기를 수 있고, 손가락 놀림이 익숙해 질 수 있습니다.

① 리듬 치기

간단한 리듬 악기를 이용해 일정한 템포 안에서 가사창 또는 계명창과 함께 리듬을 연주해 봅니다.

| 손뼉치기 | 리듬막대 | 캐스터네츠 | 우드블록 |

② 지팡이손

유아들은 아직 소근육이 발달되지 않아 피아노 건반을 마음대로 누르는데 힘이 듭니다. 피아노로 노래를 연주하기에 앞서 각각의 손가락이 독립된 힘을 기르기 위해서는 그에 적합한 연습이 필요합니다. 이 교재를 사용하시는 선생님께서는 다음과 같이 지팡이손 모양의 손가락을 만들어 유아들이 리듬 연습을 할 수 있도록 지도해 주세요.

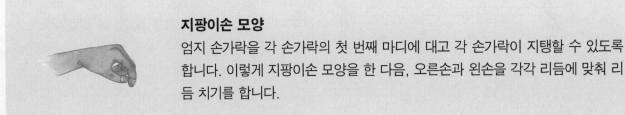

지팡이손 모양
엄지 손가락을 각 손가락의 첫 번째 마디에 대고 각 손가락이 지탱할 수 있도록 합니다. 이렇게 지팡이손 모양을 한 다음, 오른손과 왼손을 각각 리듬에 맞춰 리듬 치기를 합니다.

③ 다섯손가락 풀기

손가락번호에 맞춰 피아노 뚜껑 위나 책상 위에서 손가락 연습을 합니다. 이때 5번 손가락을 '콕' 세워 주세요.

이렇게 따라 하세요~~

위밍업은 교재에 제시되어 있는 위밍업 표(15쪽)의 순서에 맞게 '① 리듬 치기 → ② 오른손 연습 → ③ 왼손 연습 → ④ 양손 유니즌' 으로 연습하면서 선생님께서 빈 칸에 체크해 주시면 됩니다.

① 리듬 치기

손뼉치기 ➡								—
리듬막대 ➡								—
캐스터네츠 ➡								—
우드블록 ➡								—

② 오른손

지팡이손 2번 ➡	2	2	2	2	2	2	2	—
지팡이손 3번 ➡	3	3	3	3	3	3	3	—
다섯손가락 풀기 ➡	1	1	3	3	2	2	5	—

③ 왼손

지팡이손 2번 ➡	2	2	2	2	2	2	2	—
지팡이손 3번 ➡	3	3	3	3	3	3	3	—
다섯손가락 풀기 ➡	5	5	3	3	4	4	1	—

④ 양손 유니즌

함께 ┌오른손 ➡	1	1	3	3	2	2	5	—
└왼손 ➡	5	5	3	3	4	4	1	—

※ 위밍업 과정에서 메트로놈을 사용하면 유아들에게 일정박을 익히는데 많은 도움이 됩니다.
메트로놈 빠르기는 M.M. ♩ = 80, 90, 100 정도로 빠르기에 변화를 줍니다.

차례 색깔로 배우는 피아노 반주완성 1

피아노에 앉는 예쁜 자세

피아노에 앉을 때에는 엉덩이를 의자 깊숙이 앉고 허리를 곧게 펴서 바르게 앉으세요. 그리고 피아노와 의자 사이가 너무 멀지 않도록 합니다.

예쁜 자세

예쁘지 못한 자세 ①
허리를 굽혀서는 곱고 아름다운
소리가 나지 않아요.

예쁘지 못한 자세 ②
허리를 뒤로 젖혀서도 안되요.
허리를 곧게 펴도록 하세요.

손가락번호 익히기

왼손과 오른손에는 손가락마다 번호가 있습니다. 지금부터 손가락번호를 배워보도록 합시다.

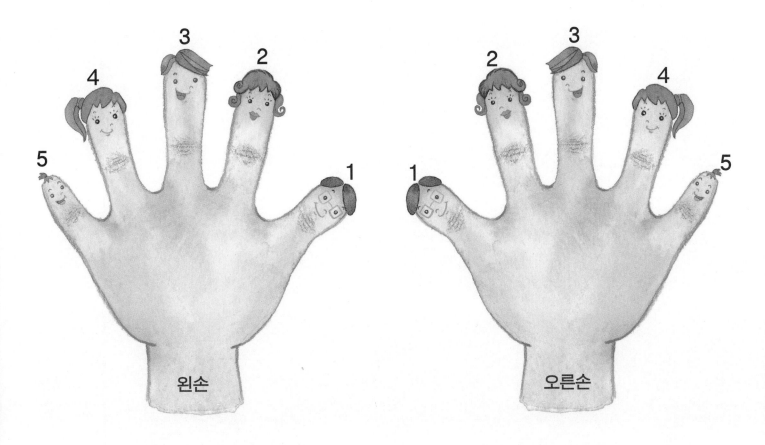

1. 양손을 그림 위에 올려 놓고 각 손가락이 누구의 얼굴인지 이야기해 보세요.

2. 양손의 손가락 얼굴이 확인되었으면 각 손가락에 '뽀뽀' 해 주세요.

   ① 왼손과 오른손 – 1번 손가락 얼굴에 뽀뽀하세요.

   ② 왼손과 오른손 – 2번 손가락 얼굴에 뽀뽀하세요.

   ③ 왼손과 오른손 – 3번 손가락 얼굴에 뽀뽀하세요.

   ④ 왼손과 오른손 – 4번 손가락 얼굴에 뽀뽀하세요.

   ⑤ 왼손과 오른손 – 5번 손가락 얼굴에 뽀뽀하세요.

3. 각 손가락을 굽혀서 '안녕' 하고 인사해 보세요.

■ 색연필로 자유롭게 그림을 그리고 선생님께 색의 이름을 이야기해 보세요.

■ 같은 색끼리 줄로 이어 보세요.

계이름 익히기

풍선 안에 계이름을 따라 써 보세요. 그리고 풍선의 색깔이 무엇인지 선생님께 이야기해 보세요.

① 핫크로즈 번

외국 곡

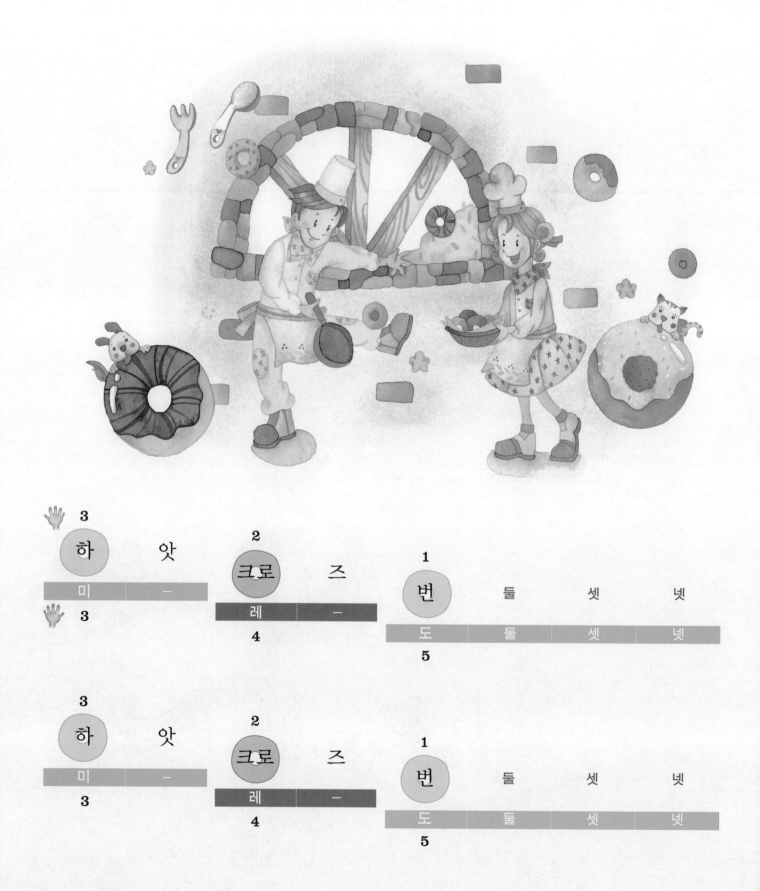

1. 리듬 치기

손뼉치기	리듬막대	캐스터네츠	우드블록

2. 오른손

지팡이손 2번	지팡이손 3번	지팡이손 4번	다섯손가락 풀기

3. 왼손

지팡이손 2번	지팡이손 3번	지팡이손 4번	다섯손가락 풀기

4. 양손 유니즌

양손 유니즌

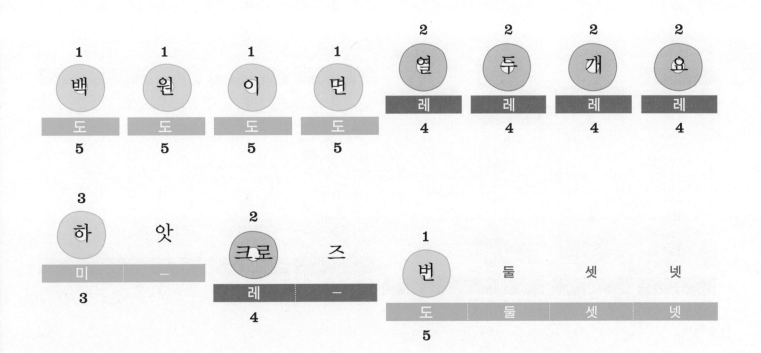

② 비행기

윤석중 작사 | 외국 곡

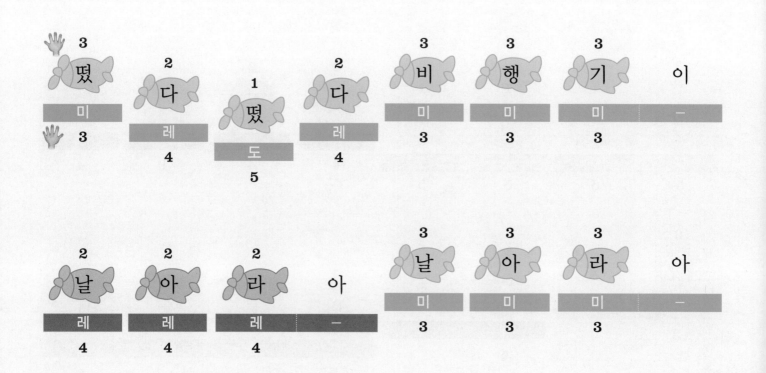

1. 리듬 치기	손뼉치기	리듬막대	캐스터네츠	우드블록

2. 오른손	지팡이손 2번	지팡이손 3번	지팡이손 4번	다섯손가락 풀기

3. 왼손	지팡이손 2번	지팡이손 3번	지팡이손 4번	다섯손가락 풀기

4. 양손 유니즌	양손 유니즌

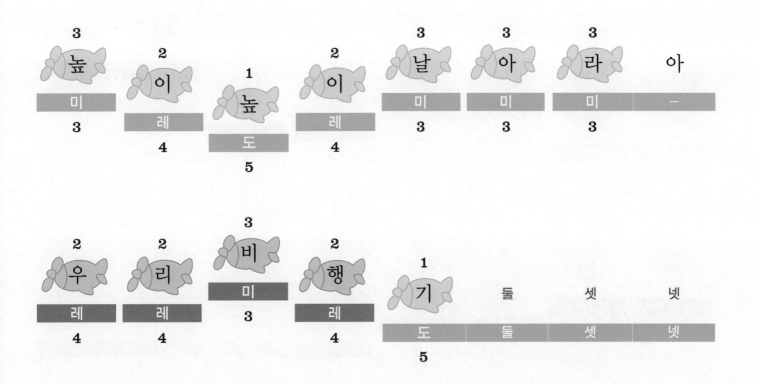

③ 너는 내 친구

임정은 작사 | 임정은 작곡

1. 리듬 치기	손뼉치기	리듬막대	캐스터네츠	우드블록

2. 오른손	지팡이손 2번	지팡이손 3번	지팡이손 4번	다섯손가락 풀기

3. 왼손	지팡이손 2번	지팡이손 3번	지팡이손 4번	다섯손가락 풀기

4. 양손 유니즌	양손 유니즌

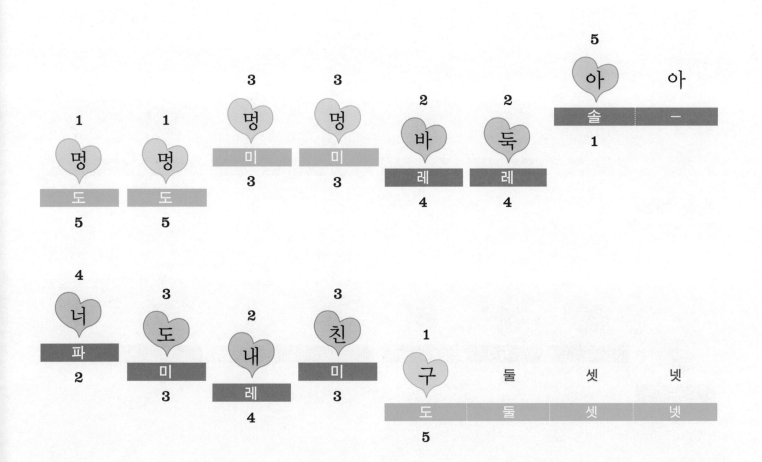

④ 바둑이 방울

김규환 작사 | 김규환 작곡

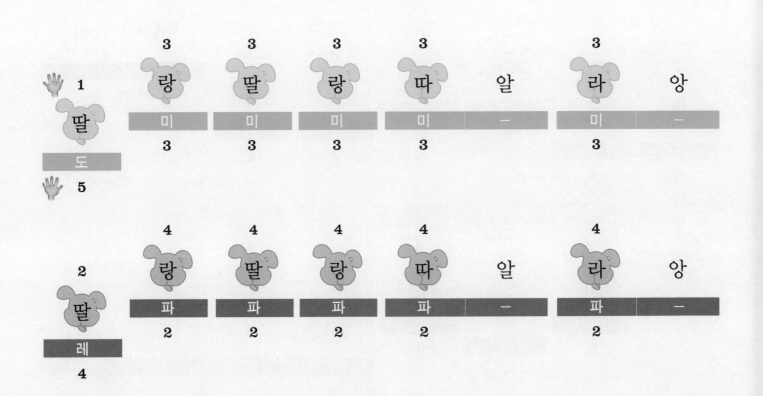

Warming Up!

1. 리듬 치기

손뼉치기	리듬막대	캐스터네츠	우드블록

2. 오른손

지팡이손 2번	지팡이손 3번	지팡이손 4번	다섯손가락 풀기

3. 왼손

지팡이손 2번	지팡이손 3번	지팡이손 4번	다섯손가락 풀기

4. 양손 유니즌

양손 유니즌

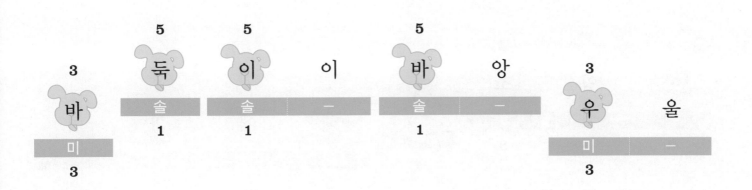

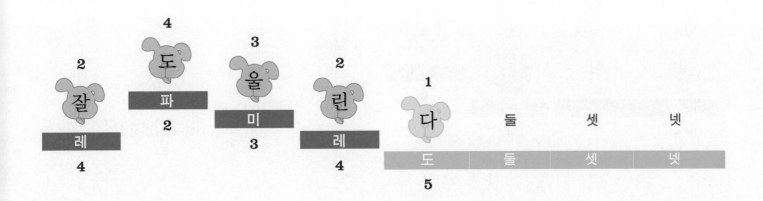

⑤ 나는 기쁘다

프랑스 민요

1. 리듬 치기

손뼉치기	리듬막대	캐스터네츠	우드블록

2. 오른손

지팡이손 2번	지팡이손 3번	지팡이손 4번	다섯손가락 풀기

3. 왼손

지팡이손 2번	지팡이손 3번	지팡이손 4번	다섯손가락 풀기

4. 양손 유니즌

양손 유니즌

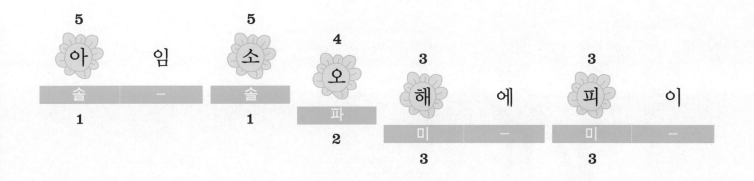

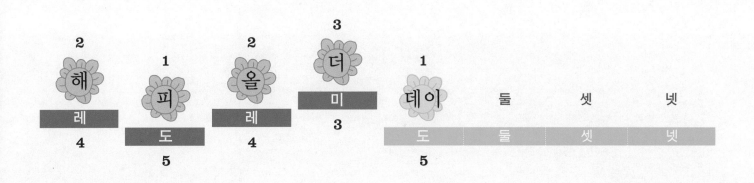

높은음자리표의 음 알기

▌뭉개 구름 속에 계이름이 숨어 있어요. 하늘로 올라가는 순서대로 구름
을 짚으면서 계이름을 소리내어 읽어 보세요.

도

레 미 파 솔 라 시

■ 꽃 음표 안의 계이름을 큰 소리로 읽어 보세요.

■ 오선 위의 음을 따라 그리고 음에 맞는 계이름을 줄로 이어 보세요.

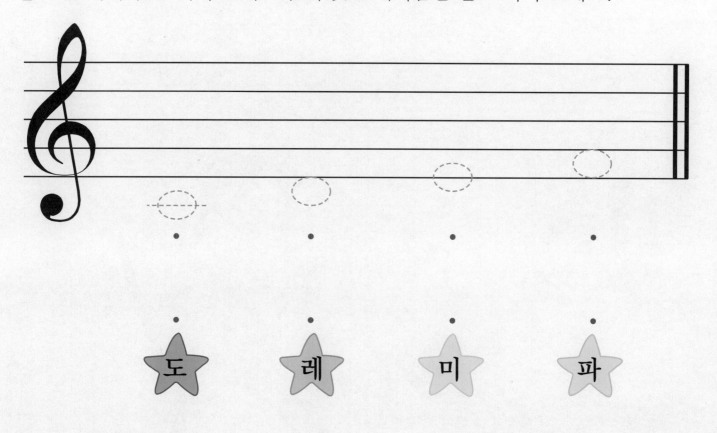

오선 위의 음을 따라 그리고 음에 맞는 계이름을 줄로 이어 보세요.

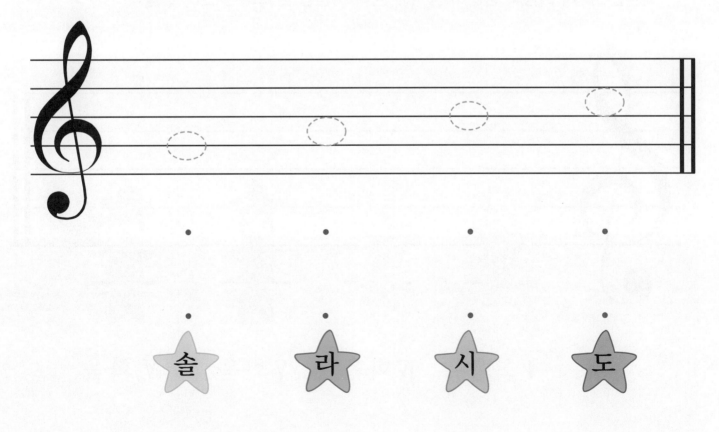

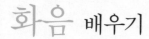

화음은 두 개 이상의 음들이 동시에 울려 아름답고 화려한 소리를 냅니다.

I 화음　　　IV 화음　　　V 화음　　　V₇ 화음

■ I 화음을 초록색으로 예쁘게 색칠하고 계이름을 읽어 보세요.

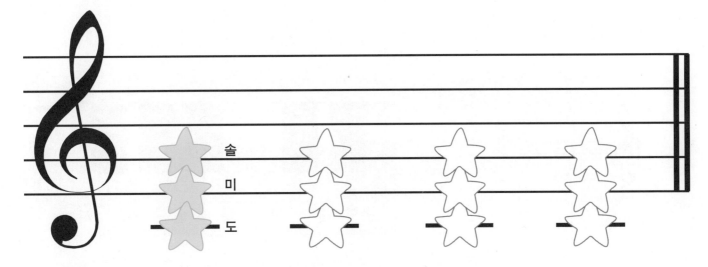

■ IV 화음을 파랑색으로 예쁘게 색칠하고 계이름을 읽어 보세요.

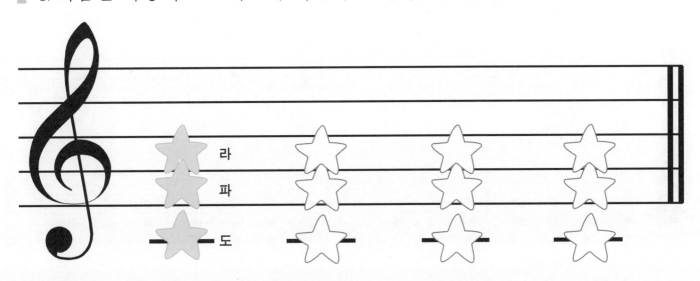

■ V 화음을 빨강색으로 예쁘게 색칠하고 계이름을 읽어 보세요.

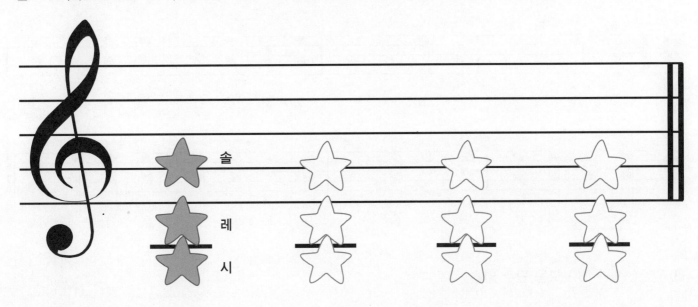

색깔로 배우는 화음 ①

❶ 초록 화음(◇) : 초록 화음은 계이름 '도·솔' 입니다.

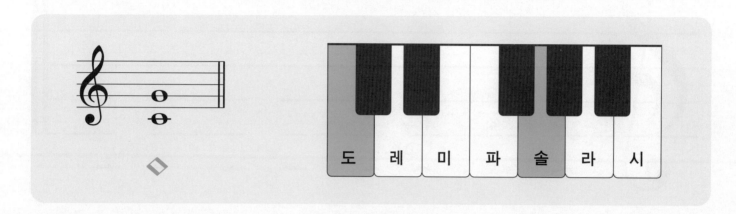

① 오른손( ) 모음 반주 연습

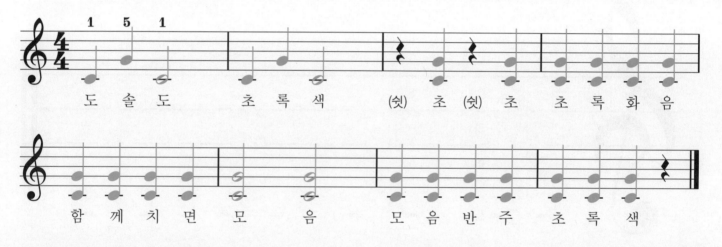

② 왼손( ) 모음 반주 연습

③ 양손( ) 모음 반주 연습

❷ 빨강 화음(◇) : 빨강 화음은 계이름 '시·솔'입니다.

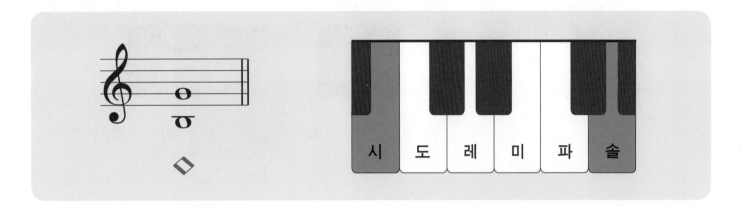

① 오른손(🖐) 모음 반주 연습

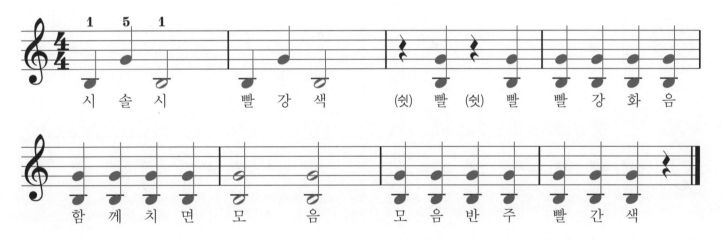

② 왼손(🖐) 모음 반주 연습

③ 양손(🖐🖐) 모음 반주 연습

❸ 빨강 꼬집기 화음(◇7) : 빨강 꼬집기 화음은 계이름 '파·솔' 입니다.

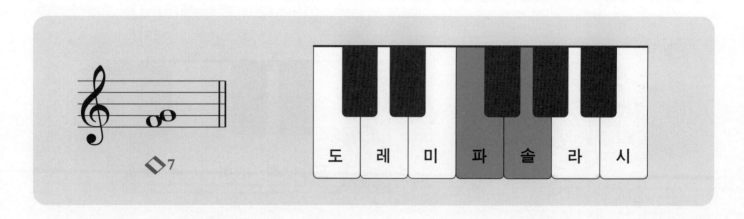

① 오른손( ) 모음 반주 연습

파 솔 파   꼬 집 기   (쉿) 빨 (쉿) 빨   빨 강 화 음

함 께 치 면   모   음   모 음 반 주   빨 강 색

② 왼손( ) 모음 반주 연습

파 솔 파   꼬 집 기   빨 (쉿) 빨 (쉿)   빨 강 화 음

함 께 치 면   모   음   모 음 반 주   빨 강 색

③ 양손( ) 모음 반주 연습

❹ 모음 반주 기호

이 교재에서는 일반적인 반주법 교본에 사용되는 코드네임 대신 유아들이 보기에
쉬운 ◆모양으로 반주 기호를 나타냅니다. 음표의 둥근 머리 모양을 ◆로 변형시
켰기 때문에 음의 길이를 쉽게 알 수 있습니다.

〔표기〕　　　　　　　　〔실제 연주〕

초록 화음

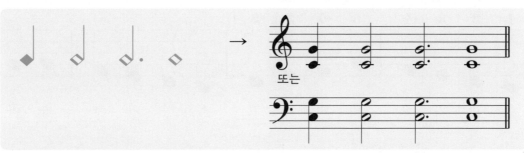

빨강 화음

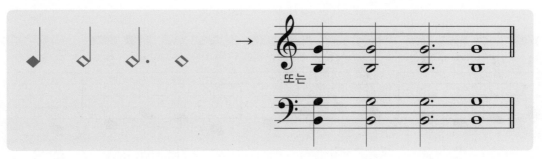

빨강 꼬집기 화음

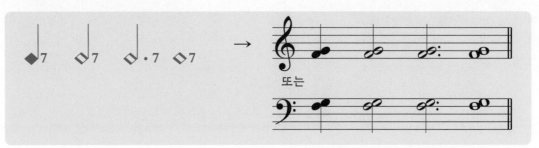

파랑 화음

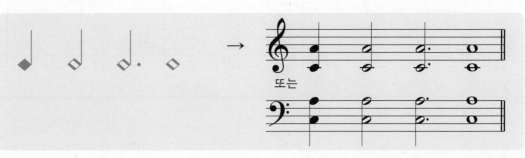

모음 반주 연습 ①

❶ 왼손 모음 반주 기초 연습

올 라 가 고　내 려 가 고　올 라 가 서　콕 콕 콕

I

빙 글 빙 글　돌 려 치 는　손 가 락 공　부

V　V₇

② 양손 모음 반주 기초 연습

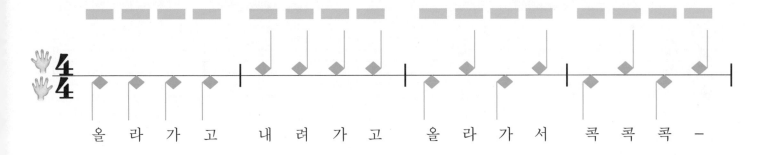

올 라 가 고 내 려 가 고 올 라 가 서 콕 콕 콕 -

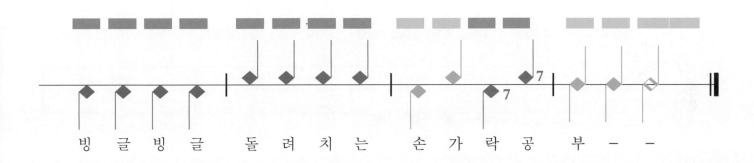

빙 글 빙 글 돌 려 치 는 손 가 락 공 부 - -

① 핫크로즈 번

외국 곡

왼손 모음 반주

핫 크로즈 번 핫 크로즈 번

I V V₇

백 원 이 면 열 두 개 요 핫 크로즈 번

선생님께: 손이 작은 유아는 빨강 화음(◇)을 짚기 어려우므로 빨강 꼬집기 화음(◇7)으로 연습 시키세요.

양손 모음 반주

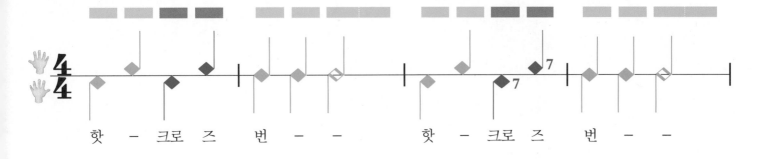

핫 – 크로 즈 번 – – 핫 – 크로 즈 번 – –

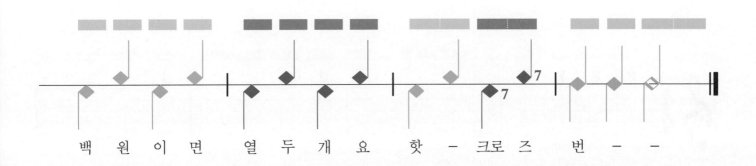

백 원 이 면 열 두 개 요 핫 – 크로 즈 번 – –

선생님께: 왼손 모음 반주와 양손 모음 반주가 시작되는 이 곡부터 교재의 마지막 페이지에 있는 '진도 카드'를 이용해 연습한 곡을 체크할 수 있습니다.

② 비행기

윤석중 작사 | 외국 곡

떴 다 떴 다 비 행 기 날 아 라 날 아 라

I   V

높 이 높 이 날 아 라 우 리 비 행 기

I V_7

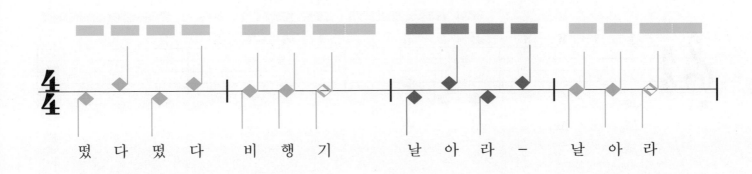

떴 다 떴 다 비 행 기   날 아 라 - 날 아 라

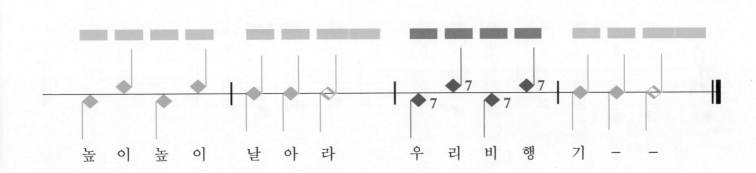

높 이 높 이 날 아 라   우 리 비 행 기 - -

③ 너는 내 친구

임정은 작사 | 임정은 작곡

꼬 꼬 꼬 꼬　꼬 꼬 야　　너 는 내 친 구

I　　　　V　　　　　　　　　　V₇

멍 멍 멍 멍　바 둑 아　　너 도 내 친 구

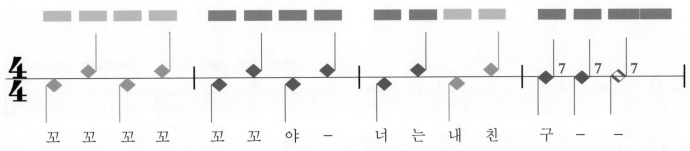

꼬 꼬 꼬 꼬 꼬 꼬 야 – 너 는 내 친 구 – –

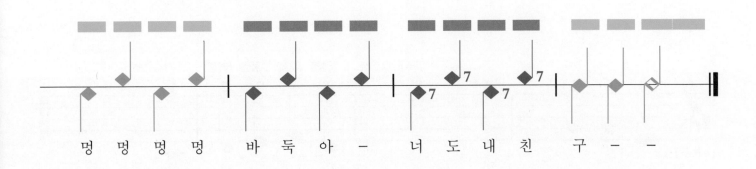

멍 멍 멍 멍 바 둑 아 – 너 도 내 친 구 – –

④ 바둑이 방울

김규환 작사 | 김규환 작곡

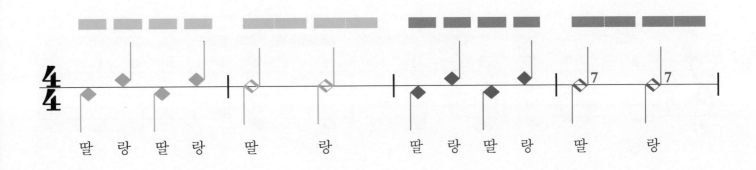

딸 랑 딸 랑 딸　　랑　　딸 랑 딸 랑 딸　　랑

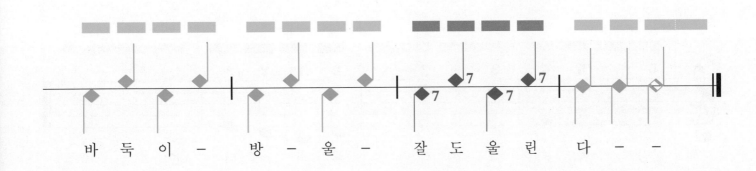

바 둑 이 － 방 － 울 － 잘 도 울 린 다 － －

⑤ 나는 기쁘다

프랑스 민요

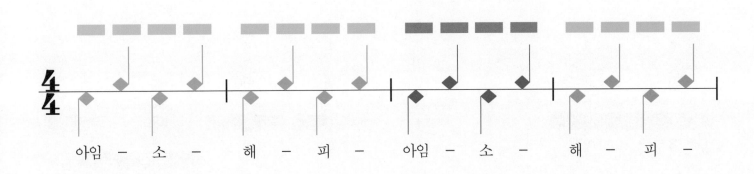

아임 – 소 – 해 – 피 – 아임 – 소 – 해 – 피 –

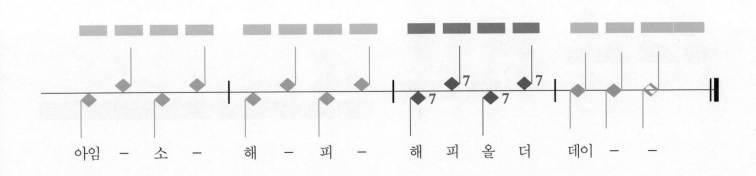

아임 – 소 – 해 – 피 – 해 피 올 더 데이 – –

6 학교 종

김메리 작사 | 김메리 작곡

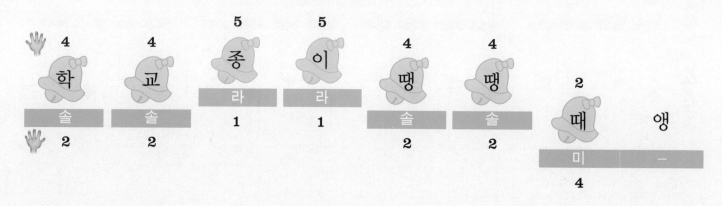

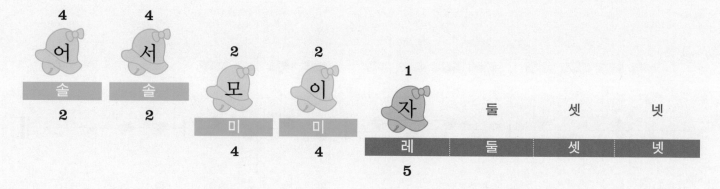

1. 리듬 치기	손뼉치기	리듬막대	캐스터네츠	우드블록
2. 오른손	지팡이손 2번	지팡이손 3번	지팡이손 4번	다섯손가락 풀기
3. 왼손	지팡이손 2번	지팡이손 3번	지팡이손 4번	다섯손가락 풀기
4. 양손 유니즌	양손 유니즌			

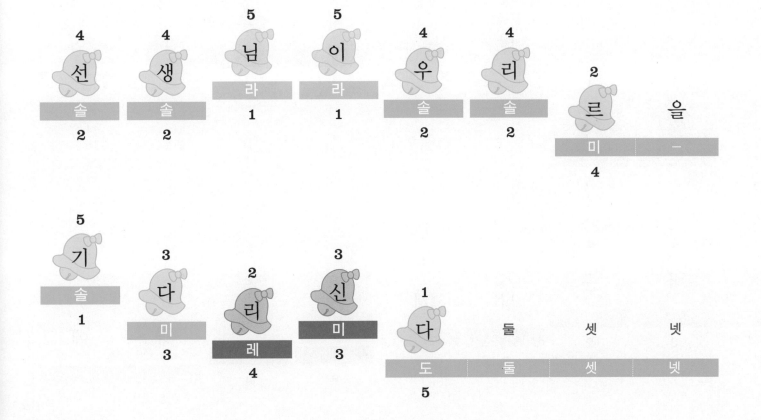

7 작은 별

윤석중 작사 | 모차르트 작곡

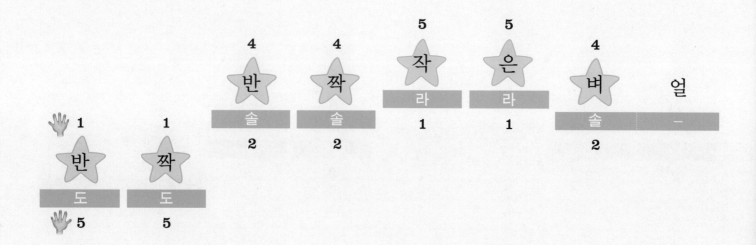

Fine
(여기서 끝나요)

1. 리듬 치기	손뼉치기	리듬막대	캐스터네츠	우드블록
2. 오른손	지팡이손 2번	지팡이손 3번	지팡이손 4번	다섯손가락 풀기
3. 왼손	지팡이손 2번	지팡이손 3번	지팡이손 4번	다섯손가락 풀기

4. 양손 유니즌	양손 유니즌

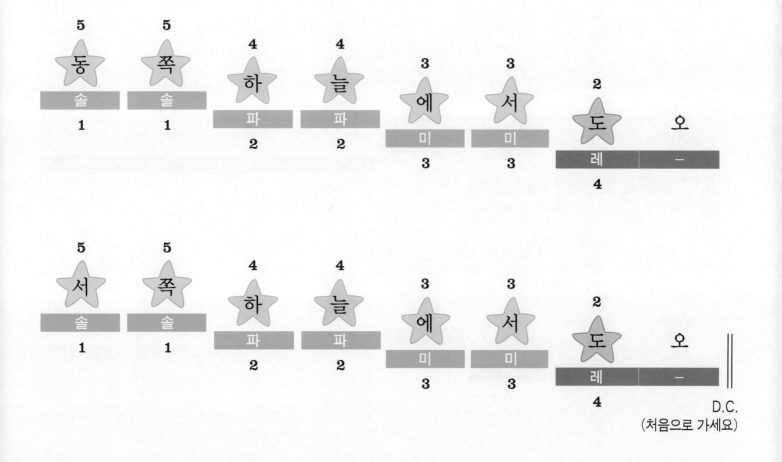

⑧ 사랑의 주

외국 곡

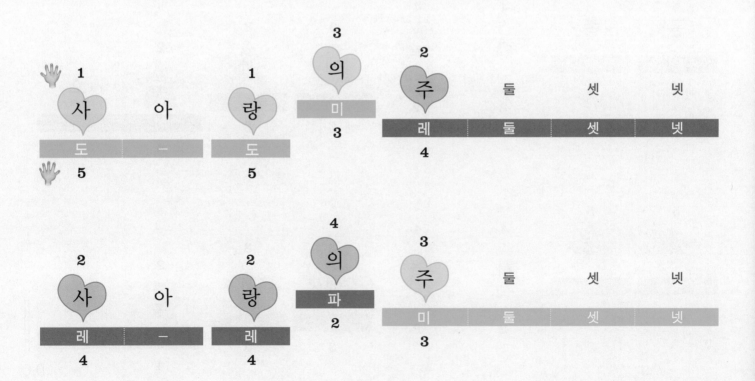

Warming Up!

1. 리듬 치기	손뼉치기	리듬막대	캐스터네츠	우드블록
2. 오른손	지팡이손 2번	지팡이손 3번	지팡이손 4번	다섯손가락 풀기
3. 왼손	지팡이손 2번	지팡이손 3번	지팡이손 4번	다섯손가락 풀기
4. 양손 유니즌	양손 유니즌			

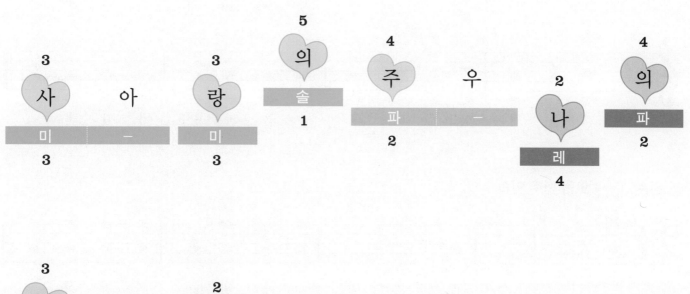

색깔로 배우는 화음 ②

❶ 파랑 화음(◇) : 파랑 화음은 계이름 '도·라' 입니다.

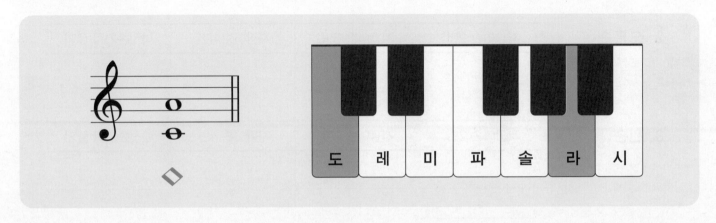

① 오른손( ) 모음 반주 연습

도 라 도　파 랑 색　(쉿) 파 (쉿) 파　파 랑 화 음

(쉿) 파 (쉿) 파　(파랑)　친 구 모 음 파 랑　나 왔 네

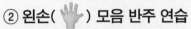

② 왼손( ) 모음 반주 연습

도 라 도　파 랑 색　파 (쉿) 파 (쉿)　파 랑 화 음

파 (쉿) 파 (쉿)　파 랑 (친구)　모 음 파 랑　나 왔 네

③ 양손() 모음 반주 연습

모음 반주 연습 ②

❶ 왼손 모음 반주 기초 연습

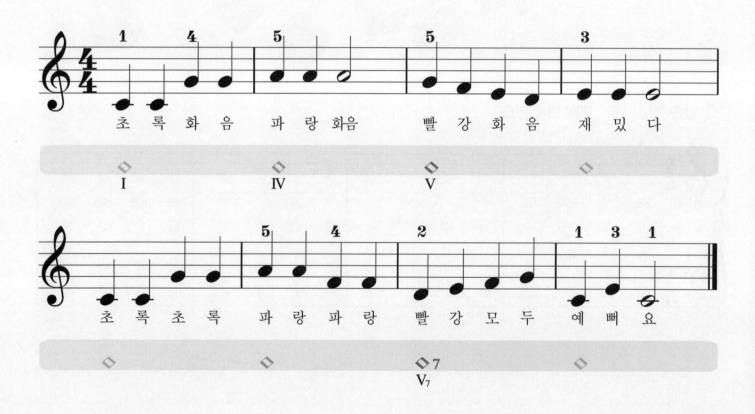

초록 화음 파랑 화음 빨강 화음 재밌다

I   IV   V

초록 초록 파랑 파랑 빨강 모두 예뻐요

◇7

V₇

② 양손 모음 반주 기초 연습

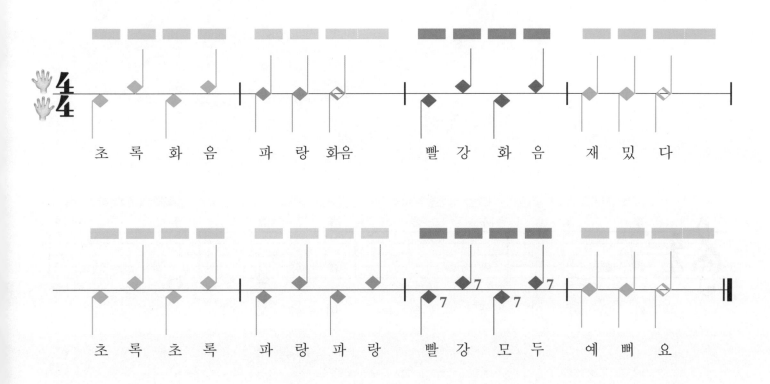

초 록 화 음 파 랑 화 음 빨 강 화 음 재 밌 다

초 록 초 록 파 랑 파 랑 빨 강 모 두 예 뻐 요

6 학교 종

김메리 작사 | 김메리 작곡

학 교 종 이 땡 땡 땡   어 서 모 이 자

I   IV   V

선 생 님 이 우 리 를   기 다 리 신 다

V₇

학 교 종 이 땡 땡 땡　　어 서 모 이 자 - -

선 생 님 이 우 리 를　　기 다 리 신 다 - -

⑦ 작은 별

윤석중 작사 | 모차르트 작곡

반 짝 반 짝 작 은 별 아 름 답 게 비 치 네

I IV V

동 쪽 하 늘 에 서 도 서 쪽 하 늘 에 서 도

반 짝 반 짝 작 은 별 아 름 답 게 비 치 네

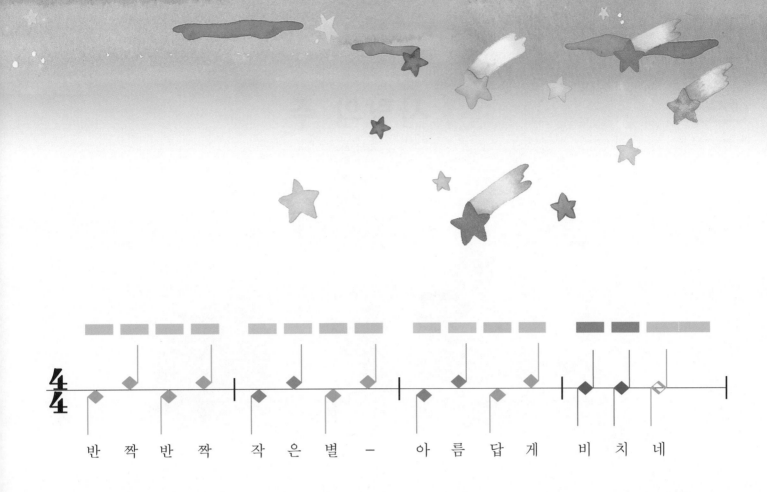

반 짝 반 짝 작 은 별 – 아 름 답 게 비 치 네

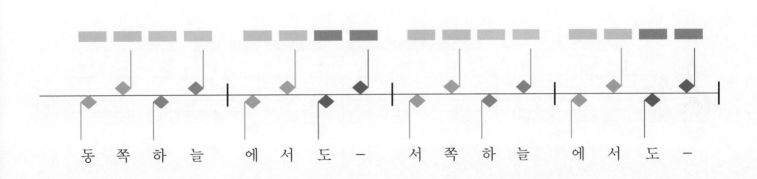

동 쪽 하 늘 에 서 도 – 서 쪽 하 늘 에 서 도 –

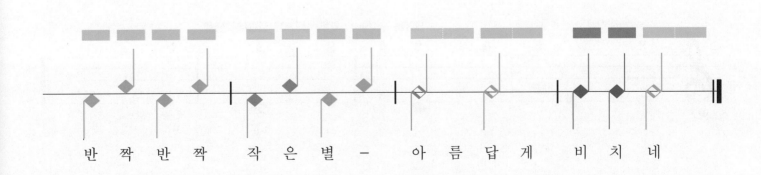

반 짝 반 짝 작 은 별 – 아 름 답 게 비 치 네

⑧ 사랑의 주

외국 곡

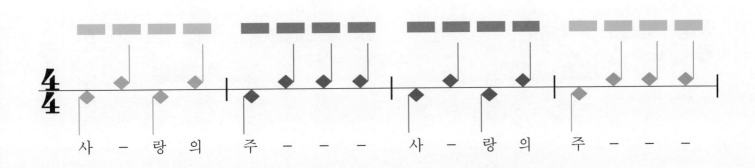

사 - 랑 의 주 - - - - 사 - 랑 의 주 - - -

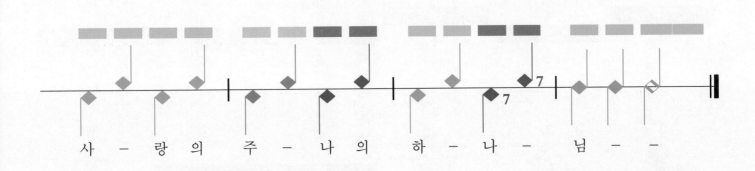

사 - 랑 의 주 - 나 의 하 - 나 - 님 - -

9 뻐꾸기

윤석중 작사 | 요나손 작곡

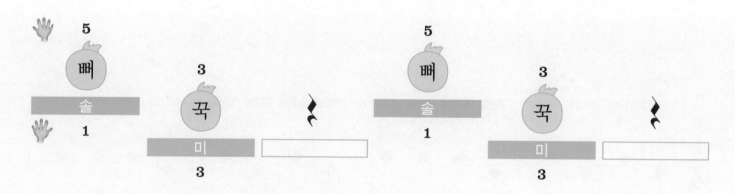

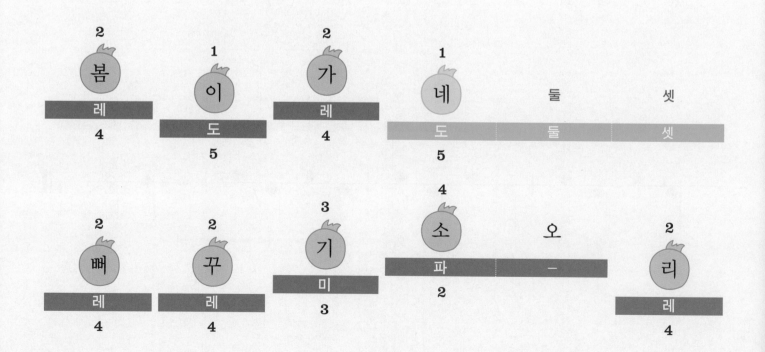

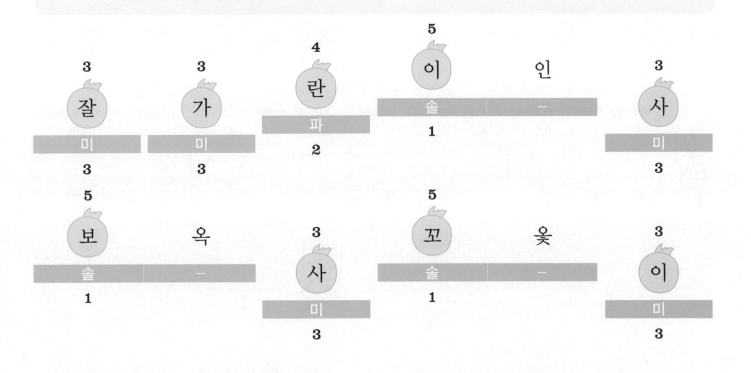

Warming Up!

1. 리듬 치기

손뼉치기	리듬막대	캐스터네츠	우드블록

2. 오른손

지팡이손 2번	지팡이손 3번	지팡이손 4번	다섯손가락 풀기

3. 왼손

지팡이손 2번	지팡이손 3번	지팡이손 4번	다섯손가락 풀기

4. 양손 유니즌

양손 유니즌

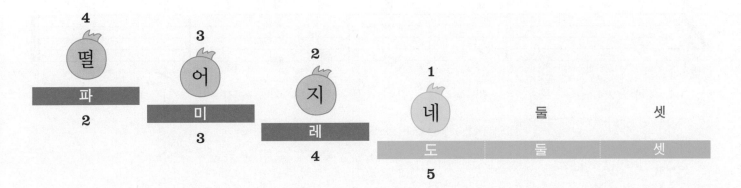

9 뻐꾸기

윤석중 작사 | 요나손 작곡

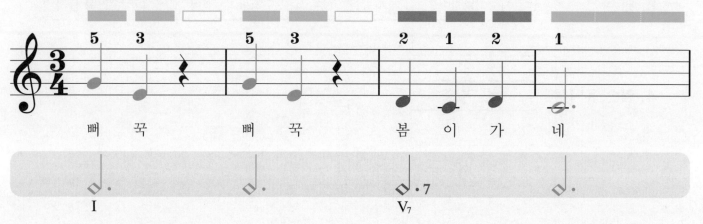

뻐 꾹 뻐 꾹 봄 이 가 네

I V_7

뻐 꾸 기 소 리 잘 가 란 인 사

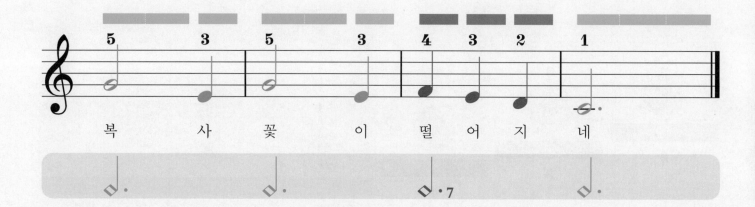

복 사 꽃 이 떨 어 지 네

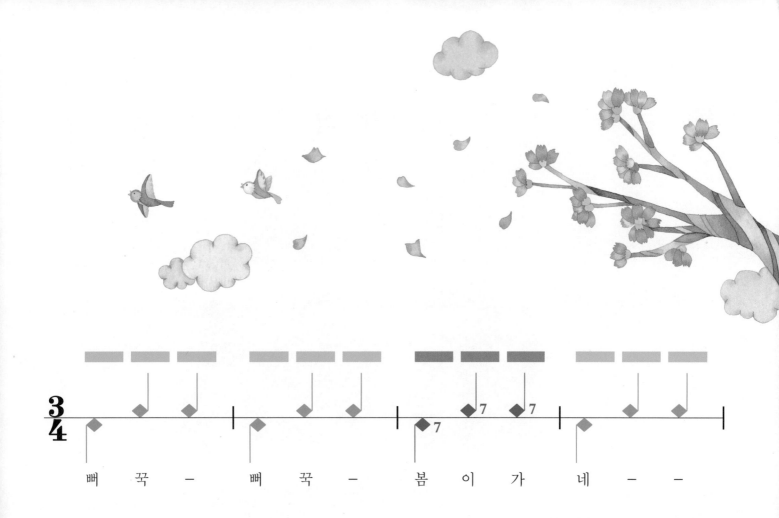

뻐 꾹 — 뻐 꾹 — 봄 이 가 네 — —

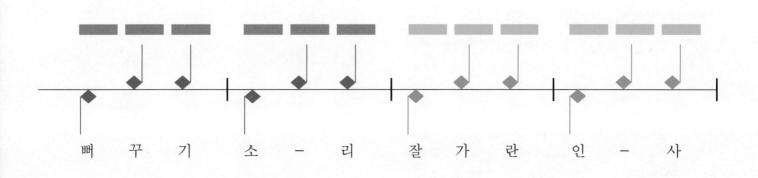

뻐 꾸 기 소 — 리 잘 가 란 인 — 사

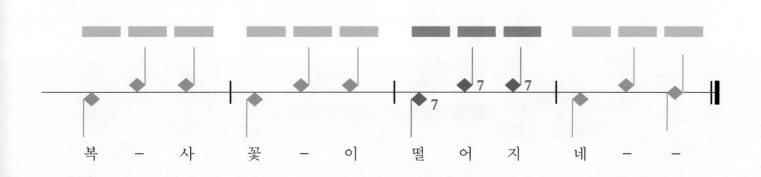

복 — 사 꽃 — 이 떨 어 지 네 — —

⑩ 아 침

외국 곡

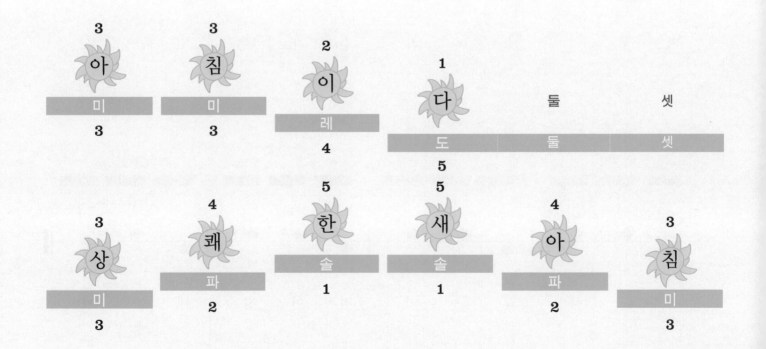

1. 리듬 치기

손뼉치기	리듬막대	캐스터네츠	우드블록

2. 오른손

지팡이손 2번	지팡이손 3번	지팡이손 4번	다섯손가락 풀기

3. 왼손

지팡이손 2번	지팡이손 3번	지팡이손 4번	다섯손가락 풀기

4. 양손 유니즌

양손 유니즌

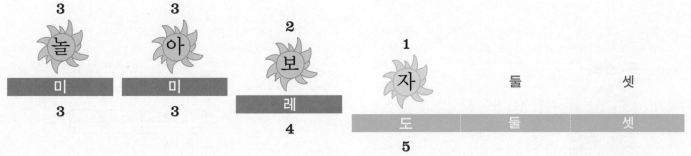

⑩ 아 침

외국 곡

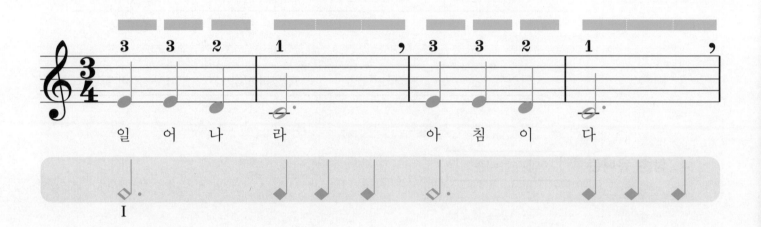

일 어 나 라   아 침 이 다

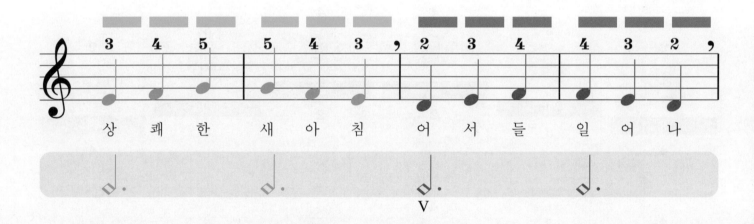

상 쾌 한 새 아 침 어 서 들 일 어 나

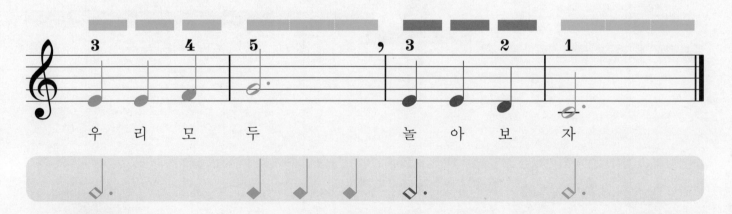

우 리 모 두   놀 아 보 자

선생님께 예쁜 왼손 반주
마지막 두 마디는 왼손 반주를 예쁘게 바꿔 연주해
보세요.

놀 아 보 자 ─

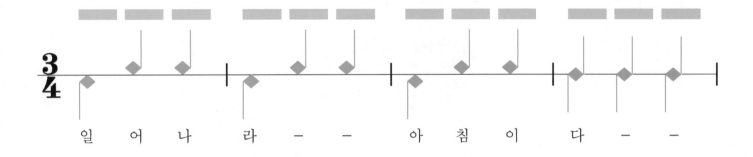

일 어 나 라 - - 아 침 이 다 - -

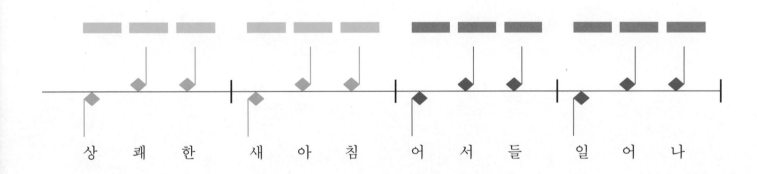

상 쾌 한 새 아 침 어 서 들 일 어 나

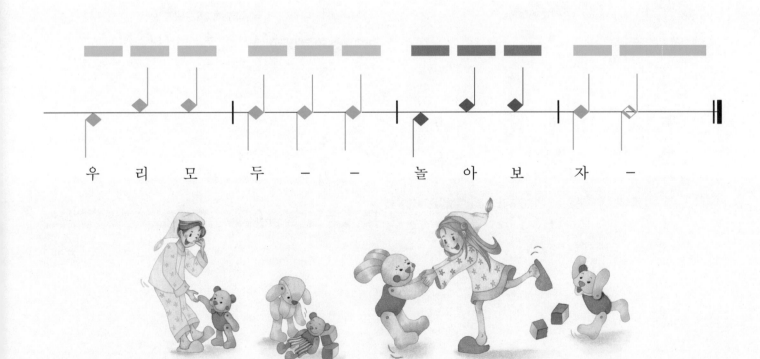

우 리 모 두 - - 놀 아 보 자 -

⑪ 똑같아요

윤석중 작사 | 외국 곡

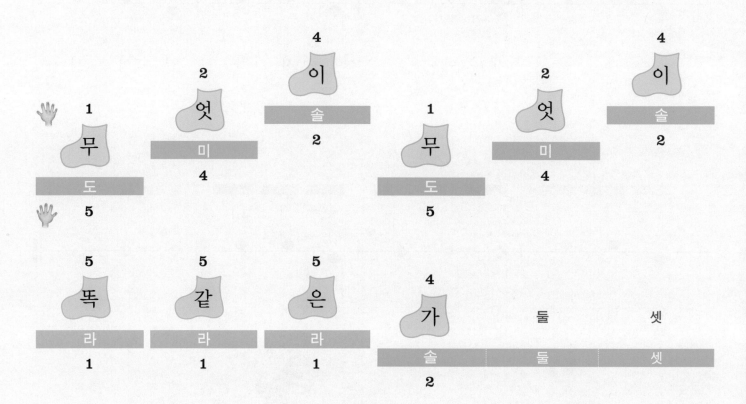

Warming Up!

1. 리듬 치기

손뼉치기	리듬막대	캐스터네츠	우드블록

2. 오른손

지팡이손 2번	지팡이손 3번	지팡이손 4번	다섯손가락 풀기

3. 왼손

지팡이손 2번	지팡이손 3번	지팡이손 4번	다섯손가락 풀기

4. 양손 유니즌

양손 유니즌

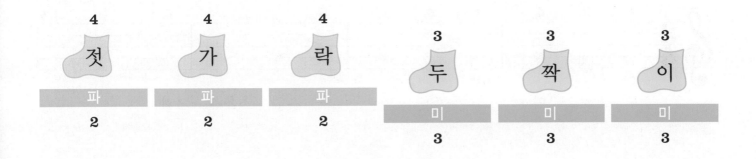

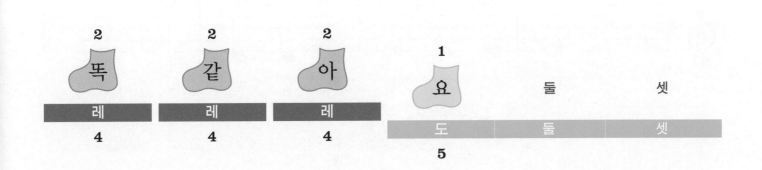

⑪ 똑같아요

윤석중 작사 | 외국 곡

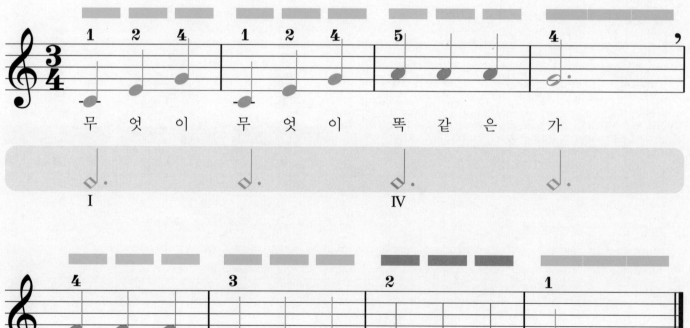

무 엇 이 무 엇 이 똑 같 은 가

I   IV

젓 가 락 두 짝 이 똑 같 아 요

V₇

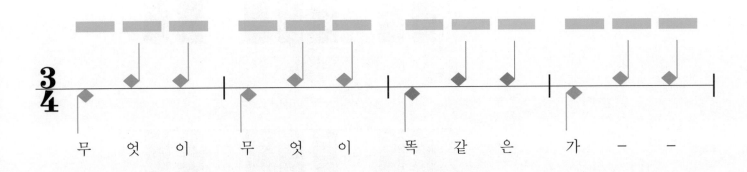

무 엇 이 무 엇 이 똑 같 은 가 - -

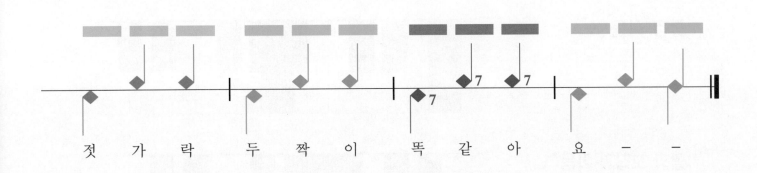

젓 가 락 두 짝 이 똑 같 아 요 - -

다(C)장조 익히기

다(C)장조는 음이름 '다(C)'에서 시작하는 음계를 사용합니다.

음이름 ➡	다 C	라 D	마 E	바 F	사 G	가 A	나 B	다 C		
계이름 ➡	도	레	미	파	솔	라	시	도		

■ 다(C)장조에서의 색깔 화음을 알아봅시다.

초록 화음(I)

파랑 화음(IV)

빨강 화음(V)

빨강 꼬집기 화음(V_7)

바(F)장조 익히기

바(F)장조는 음이름 '바(F)'에서 시작하는 음계를 사용합니다.

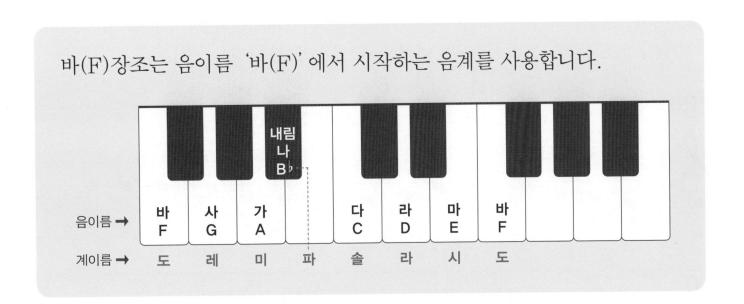

■ 바(F)장조에서의 색깔 화음을 알아봅시다.

초록 화음(Ⅰ)

파랑 화음(Ⅳ)

빨강 화음(Ⅴ)

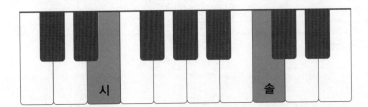

빨강 꼬집기 화음(Ⅴ₇)

■ 다(C)장조 음계 중 다섯 음을 피아노로 연습해 봅시다.

오른손 연습

올 라 가 고 내 려 가 고 도 레 미 파 솔 솔 솔

내 려 가 고 올 라 가 고 솔 파 미 레 도 도 도—

양손 모음 반주 연습

■ 다(C)장조 노래를 피아노로 연습해 봅시다.

오른손 연습

꼬 꼬 꼬 꼬 꼬 꼬 야 너 는 내 친 구

멍 멍 멍 멍 바 둑 아 너 도 내 친 구

■ 바(F)장조 음계 중 다섯 음을 피아노로 연습해 봅시다.

오른손 연습

올 라 가 고 　 내 려 가 고 　 도 레 미 파 　 솔 솔 솔

내 려 가 고 　 올 라 가 고 　 솔 파 미 레 　 도 도 도 -

양손 모음 반주 연습

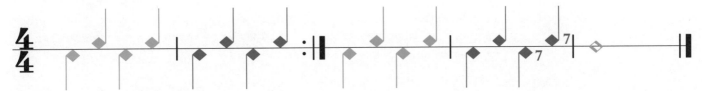

■ 바(F)장조 노래를 피아노로 연습해 봅시다.

오른손 연습

꼬 꼬 꼬 꼬 　 꼬 꼬 야 　 너 는 내 친 　 구

멍 멍 멍 멍 　 바 둑 아 　 너 도 내 친 　 구

건반 이사 하기 ①

다(C)장조의 색깔 반주를 바(F)장조로 옮겨서 연습해 봅시다.
바(F)장조의 색깔 화음은 다음과 같이 건반을 이사해야 합니다.

초록 화음(Ⅰ)   파랑 화음(Ⅳ)

빨강 화음(V)

빨강 꼬집기 화음(V₇)

⑫ 나비야

독일 민요

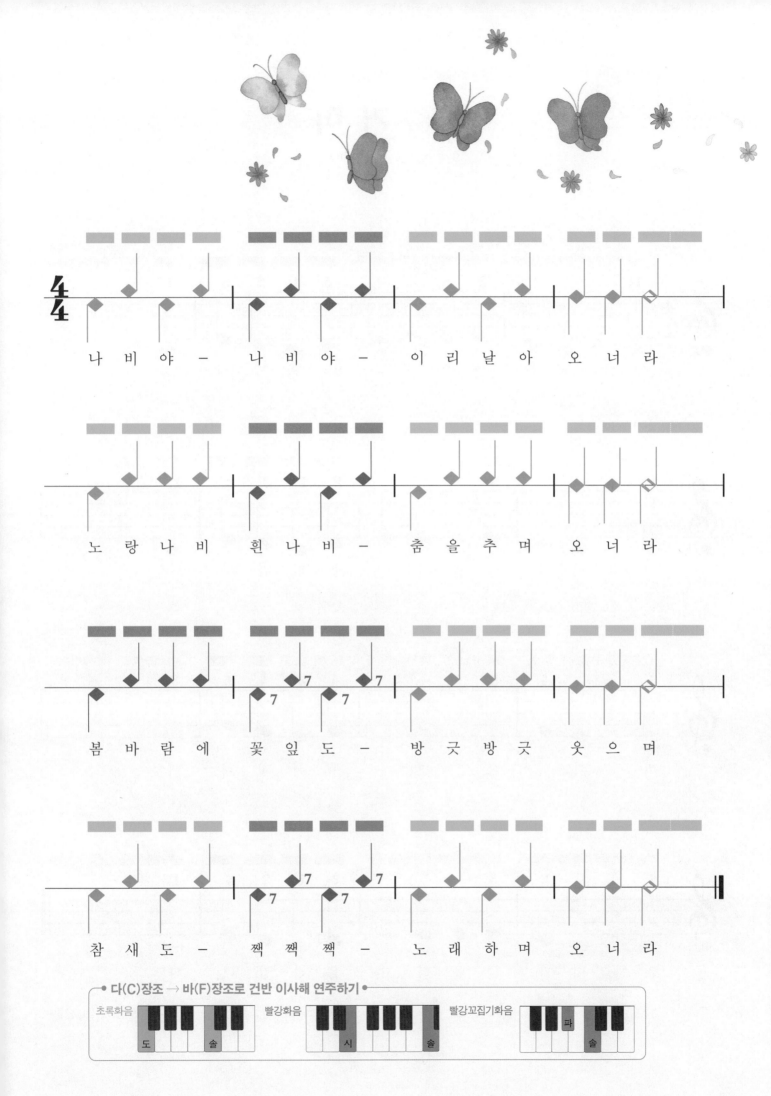

 ⑬ 거미

작자 미상

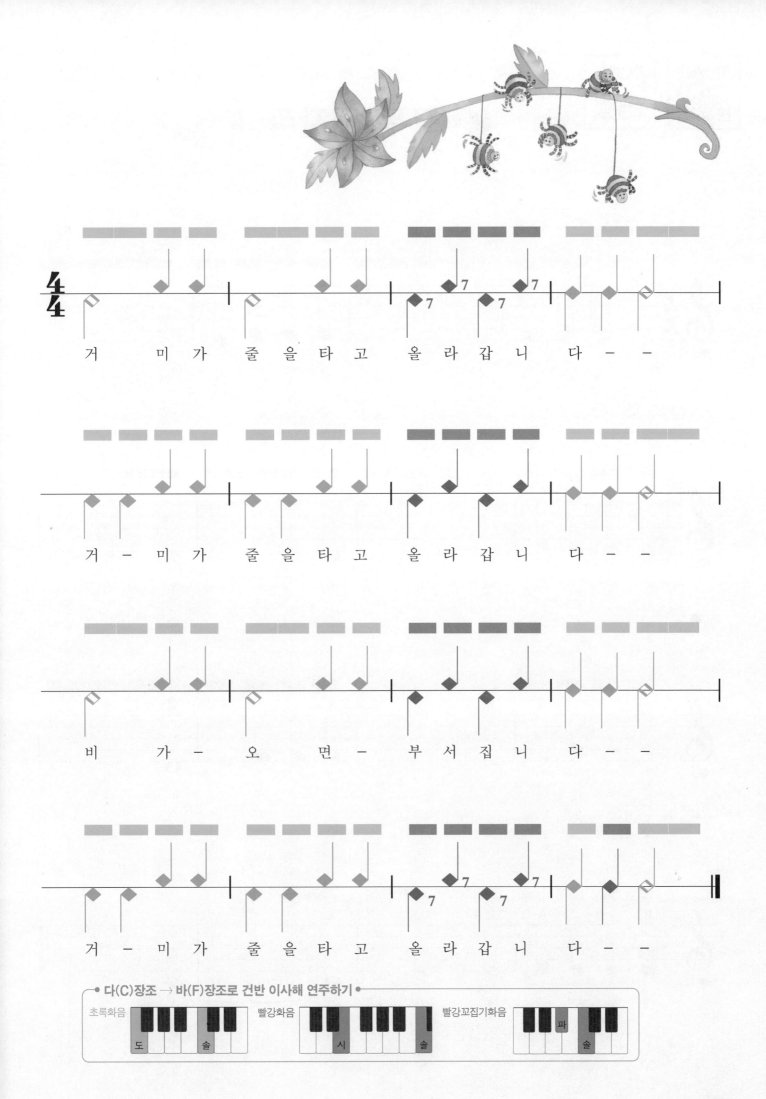

14 모두 제자리

김성균 작사 | 김성균 작곡

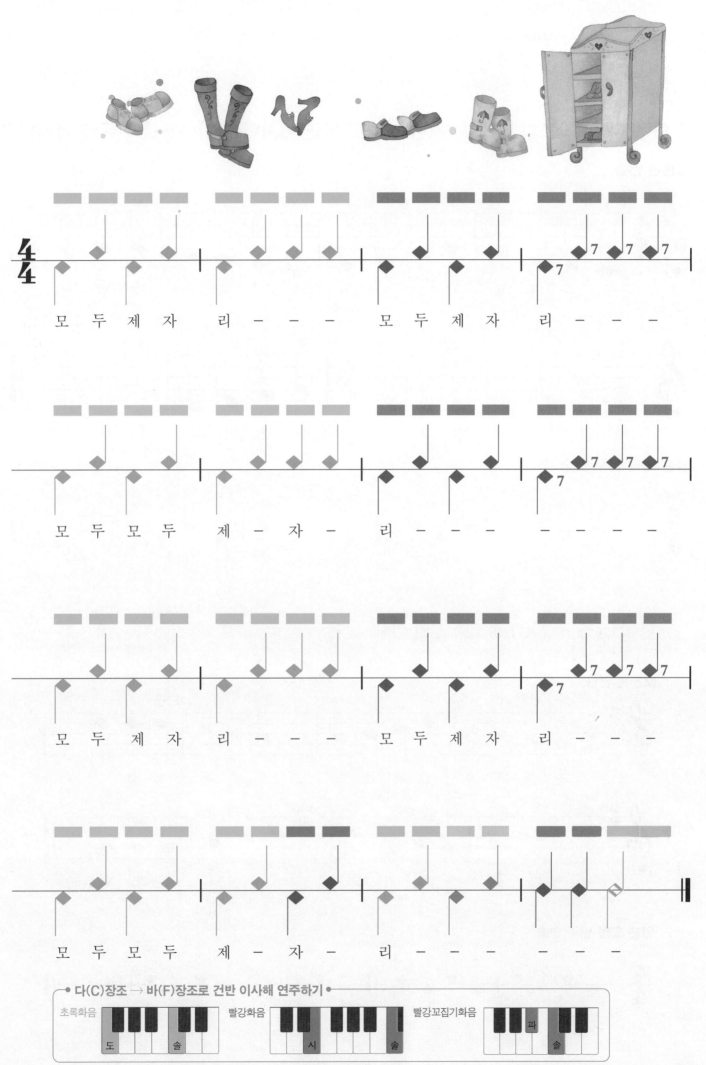

건반 이사 하기 ②

■ 다음 다(C)장조의 노래를 사(G)장조로 건반 이사하여 피아노를 연주해 봅시다.

오른손 연습

올 라 가 고　내 려 가 고　도 레 미 파　솔 솔 솔

내 려 가 고　올 라 가 고　솔 파 미 레　도 도 도 -

양손 모음 반주 연습

다(C)장조 ➡ 사(G)장조로 건반 이사

오른손 연습

올 라 가 고　내 려 가 고　도 레 미 파　솔 솔 솔

내 려 가 고　올 라 가 고　솔 파 미 레　도 도 도

양손 모음 반주 연습

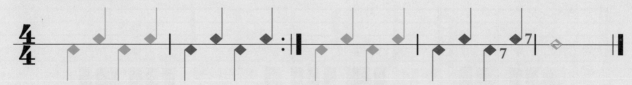

오른손 연습

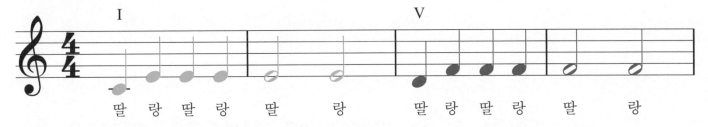

딸 랑 딸 랑 딸 랑　　딸 랑 딸 랑 딸 랑

바 둑 이　방 울　잘 도 울 린 다

양손 모음 반주 연습

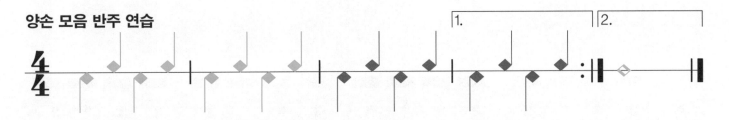

다(C)장조 ➡ 사(G)장조로 건반 이사

오른손 연습

딸 랑 딸 랑 딸 랑　　딸 랑 딸 랑 딸 랑

바 둑 이　방 울　잘 도 울 린 다

양손 모음 반주 연습

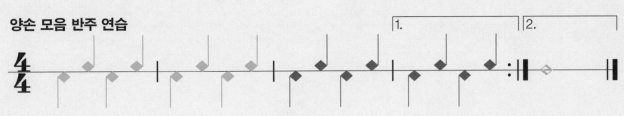

⑮ 꼬마 벌

독일 민요

붕 ― 붕 ― 붕 ― ― ― 아 기 꼬 마 벌 ― ― ―

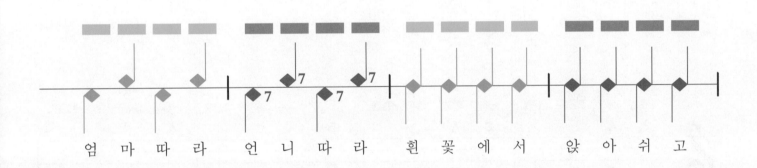

엄 마 따 라 언 니 따 라 흰 꽃 에 서 앉 아 쉬 고

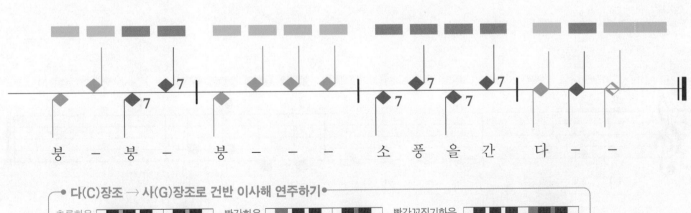

붕 ― 붕 ― 붕 ― ― ― 소 풍 을 간 다 ― ―

● 다(C)장조 → 사(G)장조로 건반 이사해 연주하기 ●

초록화음　　　　　도　　솔　　　　빨강화음　시　　　솔　　　　빨강꼬집기화음　　파 솔

🔟6 자전거

목일신 작사 | 김대현 작곡

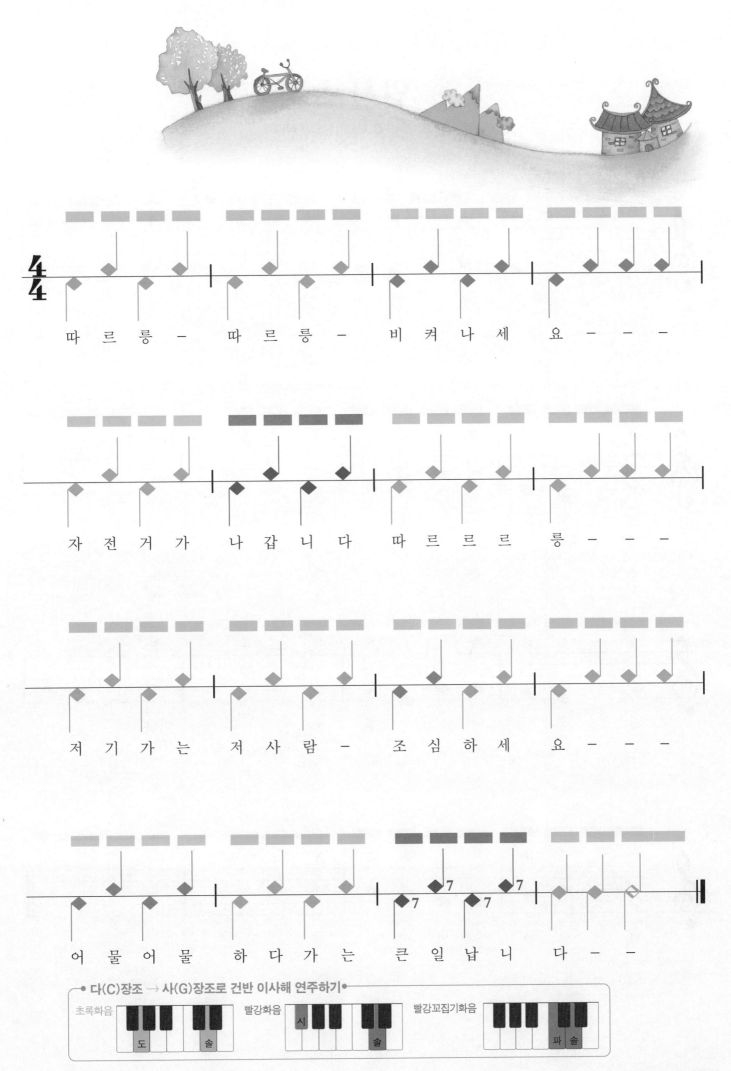

따 르 릉 – 따 르 릉 – 비 켜 나 세 요 – – –

자 전 거 가 나 갑 니 다 따 르 르 르 릉 – – –

저 기 가 는 저 사 람 – 조 심 하 세 요 – – –

어 물 어 물 하 다 가 는 큰 일 납 니 다 – –

◆ 다(C)장조 → 사(G)장조로 건반 이사해 연주하기 ◆

초록화음 빨강화음 빨강꼬집기화음

도 솔 시 솔 파 솔

17 인사 노래

이요섭 작사 | 이요섭 작곡

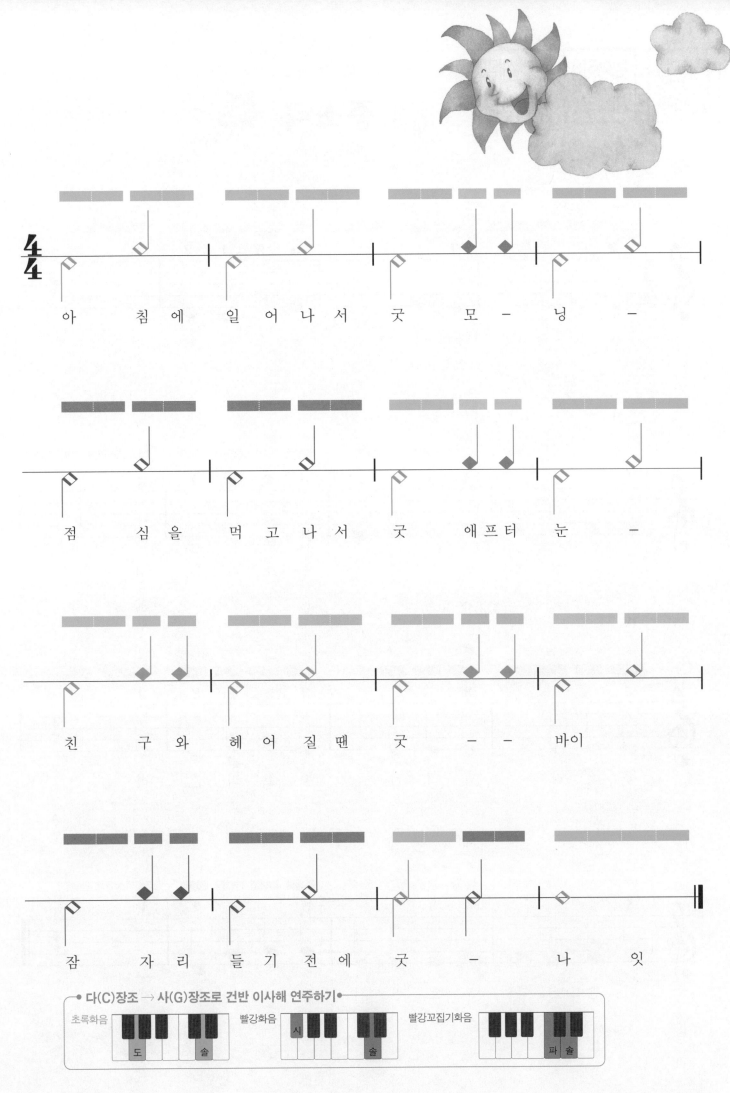

아 침 에 일 어 나 서 굿 모 — 닝 —

점 심 을 먹 고 나 서 굿 애 프 터 눈 —

친 구 와 헤 어 질 땐 굿 — — 바 이

잠 자 리 들 기 전 에 굿 — 나 잇

● 다(C)장조 → 사(G)장조로 건반 이사해 연주하기 ●

초록화음   도   솔

빨강화음   시   솔

빨강꼬집기화음   파 솔

⑱ 종소리

피어폰트 작곡

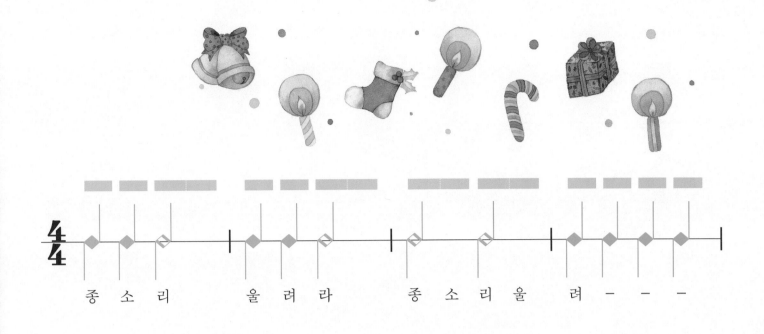

종 소 리　　　울 려 라　　　종 소 리 울 려 － － －

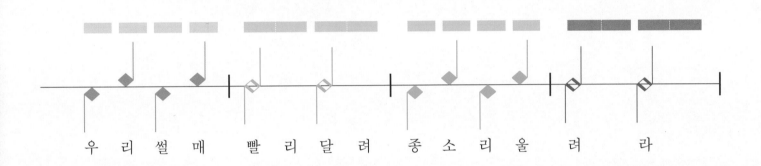

우 리 썰 매 빨 리 달 려　　종 소 리 울 려 　　라

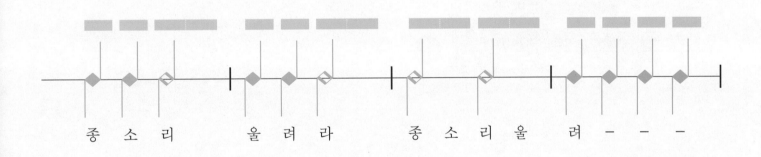

종 소 리　　　울 려 라　　　종 소 리 울 려 － － －

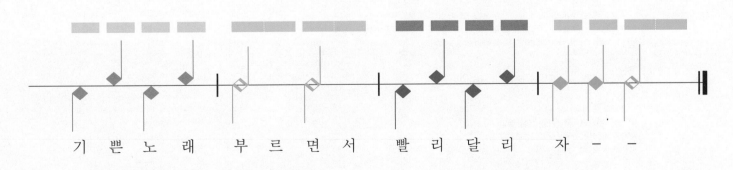

기 쁜 노 래 부 르 면 서　　빨 리 달 리 자 － －

● 바(F)장조와 사(G)장조로 건반 이사해 연주하기

발 행 일   2022년 5월 5일(1판 1쇄)
          2024년 11월 30일(1판 3쇄)

발 행 인   김정태
저   자   황계청
발 행 처   삼호뮤직(http://www.samhomusic.com)
          우편번호 10881
          경기도 파주시 문발로 175
          마케팅기획부   전화 1577-3588   팩스 (031) 955-3599
          콘텐츠기획개발부 전화 (031) 955-3588   팩스 (031) 955-3598
등   록   1977년 9월 10일 제 3-61호

ISBN   978-89-326-3815-7
          978-89-326-3814-0(세트)